Pensamientos, Poemas y Canciones

25 años de recopilación

JOSÉ ALFREDO MORÁN

Alfred-Angel Press
P.O. BOX 65, Gustine, California USA
Tel: (209) 535-2272   Fax (866) 219-9351

ISBN:069266672
ISBN-13:978-0692666722

PENSAMIENTOS, POEMAS Y CANCIONES:
25 años de recopilación

DEDICACIÓN

La siguiente recopilación de Pensamientos, Poemas y Canciones a sido algo que he escrito y recopilado por los últimos 25 años de mi vida. Algunos los escribí en libretas, otros en papeles que me encontraba en el momento de inspiración, otros en toallitas de papel de algún restaurante y otros en forma digital en algún teléfono celular u otros escritos en alguna de las redes sociales. Llegar a crear esta recopilación ha sido algo en el cual nunca llegué a pensar que fuera a terminar en un libro. Gracias a las ideas de mi esposa y de el professor Dr. Juan Flores que sin darse cuenta me dieron la pauta a dar el primer paso para la creación de este libro. De igual manera este libro lo escribo con la esperanza de motivar a mis hijos a que ellos también pueden escribir sus propios libros y consecuentemente motiven a otras personas a escribir sus propios libros también. Este libro es dedicado a mi esposa de 20 años, a mi hijo Alfredito, a mi hija Angelita, a mi Chonchis (mi perrita) que siempre nomas se la pasa distrayendome y mordiendome los pies siempre que estoy escribiendo y a mi mamá Jovita que siempre a sabido ser la madre consentidora que nunca deja de trabajar.

José Alfredo Morán

Un pequeño homenaje y reconocimiento a mi hijo Alfredo que adora la lectura y por qué este pequeño poema escrito por él sea tan solo el comienzo de algo grande en el futuro.

I fear you life for all
your twists and turns.
But I am grateful
for where the
road has lead me

by Alfredo Morán Vera

CONTENTS

PENSAMIENTOS

Pensamientos de todo y de nada,
extraídos del viento y a veces de las
circunstancias de cada día.
Pensamientos a veces con cierto objetivo
y muchas otras veces simplemente
resultan por las influencias de los
sucesos que suceden a mi alrededor.

Llegamos a cierto momento
de nuestras vidas
donde nos ponemos a reflexionar
un poco y analizando nos damos
cuenta que hemos hecho
y creado mucho
y a la misma vez no hemos hecho nada.

Yo soy la noche
tu eres el día
juntos formamos
un lindo amanecer

El que no sabe
de tristezas
no sabrá valorar
la felicidad!

La historia siempre se repite… aprendiendo del pasado se prepara para el futuro

Los tiempos difíciles una de dos, te acaban o te hacen más fuerte

El que no arriesga no pierde pero el que no arriesga tampoco gana

No es imposible soñar,
lo que debe de ser imposible
es no intentar…

Unos días llenos de nostalgia,
alegría, insomnio, grandes ideas,
entusiasmo, bendiciones
fortaleza, creatividad
pero sobre todo el amor
y el cariño de mi familia

Es más fácil ver
nuestras necesidades
pero más difícil
las necesidades
de otras personas

El dinero es malo
cuando lo quieres
para algo equivocado
yo nomas lo quiero
para pagar las deudas

Know your history
before history forgets you!

A una persona se
le conoce por como
te trata cuando
ya no te necesita

Cuando tengas un día difícil
recuerda que existe alguien
más en alguna parte
del mundo que está sufriendo
mas que tu o que tiene
menos de lo que tu tienes

las acciones de
algunas personas
a veces por si solas
dan respuesta a
tus preguntas

la mejor medicina
es la fe y la segunda
es el poder de la mente
y no dejarte caer

Cada una de las cicatrices
en mi piel son
muestras de cada batalla
que he luchado
y que he vencido

Si no tomas riesgos siempre trabajaras
para alguien mas que si los toma

Que hermoso amanecer.
Despertando de un sueño
para seguir conquistando
otro sueño el día de hoy

Que pronto se les olvida cómo
comenzaron
y cuando alguien mas le tendió la mano.
Será que no se dan cuenta que todo así
cómo comienza de la misma manera
terminará.
Simplemente es el ciclo que se está
viviendo
y al igual como tratan de la misma
manera serán tratados

Es de mal gusto cuando alguien
critica a otra persona siendo que
el que está criticando comenzó
de la misma manera y al mismo nivel.

Enseña a tus hijos a ser felices, no ricos.
cuando crezcan entenderán el valor
de las cosas y no el precio

Cuantos retos me he propuesto
son los mismos con los que he luchado.
Tal vez no todos los he conseguido
pero si muchos los he logrado

Las noches son un peligro,
es cuando más tiempo tengo
para pensar, analizar y crear
nuevos proyectos.
Cualquier otra persona
le llamaría "insomnio"
yo le llamo "Oportunidades"

El problema más grande
del ser humano es
juzgar a los demás.
Tratare de borrar ese
problema de mi persona
y ofrecer el beneficio
de la duda

No siempre el que
tiene más ganancias
monetarias es el más rico,
a veces ese resulta
ser el más pobre

Igual que Judas a Cristo,
por cuantas monedas
venderás a tu amigo?

Señor perdón por acudir a ti
solamente cuando necesitamos
de tu ayuda.
No somos perfectos, aprendemos
de nuestros errores.
Guíame por el camino correcto
te lo pido de corazón

A Veces no ocupas de
disfrutar la vida,
a veces es mejor
disfrutar el momento

Todos están cuando ríes...
Pocos están cuando lloras!

Me doy cuenta que
todo a mi alrededor
es de plástico
y lo único real y verdadero,
eres tú!

La vida me ha dado algunos golpes,
pero me a enseñado a valor
lo poco que tengo,
me a enseñado a reconocer
lo que en realidad vale en esta vida.
Me caigo, me levanto
y siempre agradecido
por las grandes enseñanzas de la vida

Tantas cosas que decir
tantas cosas que expresar
el mundo rueda con uno o sin ti.
Tantas cosas que decir
sin que el mundo critique
lo que pienso yo.

Antes la noche era mi compañera,
ahora es mi enemiga!

Las cosas más pequeñas
las que más disfruto son
las que no se compran con dinero

Amarte hasta la eternidad
es mi destino

La vida es hermosa aunque
a veces difícil pero no imposible.
Siempre hay que seguir adelante

El problema no es el problema,
el problema es aquella persona
que no se da cuenta del problema!

Vivimos la vida tan rápido
que olvidamos vivir
la vida con nuestros seres queridos

A Veces el cuerpo se siente cansado
pero tomaremos fuerzas del universo
para llegar a casa donde tenemos
seres queridos que nos esperan

Pero no puedooooooo,
pasar los días y las nocheeeeeessss
sin tus besoooossss,
aunque ella sabe que me muero
yo por esooooooo,
porque eres reina...... dueña de mi
corazooooon...

No le tengo miedo a la vida,
ni le tengo miedo a la muerte,
lo que sí tengo miedo,
es a vivir sin tus besos

Nos preocupamos bastante por los
demás que se nos olvida
preocuparnos por nosotros mismos

Los momentos más difíciles
son de los que más he aprendido

Juzgame de loco, no importa.
Lo recordaré cuando intentes
seguir mis pasos

El colmo de un zacatecano;
que suena y suena la banda
y no poder bailar!

La magia y el encanto de llegar al éxito
no es llegar, es el llegar
pero de la mano de los demás

Creí estar solo,
sentía el frío de la soledad
falta del calor de un corazón
ahora me doy cuenta
que siempre estuvistes a mi lado,
he sido yo el que
estaba ausente de ti

No me gusta decir que no
se agita uno pero se siente poco gacho…
No es sentimiento de dolor
pero si de decepción

Sabes mi nombre
pero no mi historia
has escuchado lo que he hecho
pero no por lo que he pasado
sabes donde estoy
pero no de donde vengo
me ves riendo
pero no sabes lo que he sufrido
deja de juzgarme
conocer mi nombre no implica
que me conoces

Cuando logras una meta
no siempre son resultados
de felicidad!

La soberbia, el egoísmo
la inmadurez y la falta de comprensión
de tu compañero es el tiro de gracia.
Aprende a valorar al compañero
que te da la mano

No me gusta que me tengan miedo
pero si que me tengan respeto

Si no encuentras la oportunidad
que buscas, es tiempo
de crear tu propia oportunidad

Las palabras más insignificantes
pueden llegar a tener
el mayor impacto

La vida no es más que una obra de teatro

No nací sabiéndolo todo,
pero si crecí aprendiendo de los errores

Me doy cuenta que todo
a mi alrededor es de plástico
y lo único real y verdadero
eres tú

Le gusta mucho que le canten al oído
acurrucada que la tengan
abrzaaaaaaaada,
la cuiden mucho y la protejan en sus
brazos
no maltraten y entristezcan su mirada,
sus dulces labios como pétalos de rosas,
dulce y tiernos quieren beso en la boca

Tengo hambre de tus besos
Y ansias de tus caricias
Eres un manjar perfecto
Eres toda una delicia
Te traigo siempre en mi mente
Clavada en mi corazón
Eres parte de mi sangre
Eres tú mi inspiración

Tengo ganas tengo ganas de tus besos,
tengo ganas tengo ganas corazón,
de tus besos tus caricias en mi cuerpo,
tengo ganas tengo ganas de tu
amooooooorrrr

Y La noche que te tenga en mis brazos
Esa noche tu me vas a ser feliz
El sentir tus labios y caricias
Esa noche quedaré junto de ti.
Tus ojitos siempre traigo en mi mente
Tu calor lo siento sercas de mi
Esos labios que reclaman por mi nombre
Chiquitita quiero estar sercas de ti

Tu presencia tus palabras son mi
emoción
Tus gestos tus miradas son mi canción
Tus buenos días tus buenas noches son
mi razón
Eres mi razón de ser, eres toda mi
corazón

Cuando yo busqué a mis amigos
tu estaba ahí,
cuando yo sufria
tu estabas ahí,
cuantas veces estuve en la sala de
emergencia tu estabas ahí,
cuando tuve dolores de cabeza por 5
dias tu estabas ahí,
cuando no me podía levantar de la cama
tú estabas ahí,
cuantas veces mas busque a todos los
demás tu estaba ahí siempre a mi lado.
Gracias Señor Dios por estar siempre a
mi lado cuando más te necesité, ahora
me doy cuenta que esas huellas en la
arena no eran las mías si no las tuyas
cuando mas ya no podía yo caminar tú
eras el que me cargabas. Gracias por
siempre estar ahí

Siempre te he dicho te quiero
siempre lo he gritado a los vientos
lo he dicho por todos lados
siempre he dicho mis sentimientos

Me encanta como te mueves
me encanta como tiemblas
me encanta tus ruiditos
me encantan tus hermosas piernas

A Dios le pedí un ángel
y a tí el me mando
chiquilla ojos tan lindos
me has hecho feliz
por eso te quiero yo

Amor no es aquello que queremos sentir
sino aquello que sentimos sin querer

Los mejores momentos de mi vida han
sido aquellos que he disfrutando contigo

Ama aquien te ama no aquien te iluciona

POEMAS

Palabras que a veces se confunden pero se mantienen unidas para un mismo significado. Palabras a veces confusas y a veces sencillas pero sin lugar a duda dan de qué pensar. Palabras que a veces llevan su propia significado pero que al final terminan con la interpretación de quien las lee.

A Veces confuso, a veces contento,
a veces melancólico con gritos al viento,
ni yo me puedo entender.
Un trago de vino solo me puede relajar
pero igual las palabras me hacen llorar.
El destino, se llama la historia que
todo llega a confundir, a confundir que
ningún diccionario puede sus palabras
cambiar su forma de ser

Ahora veo que todo es en vano
y nadie sabe para quién trabaja
quizás el que menos piensa
es quien se quedara con tu corazón

La música es vida la musica es pasión
yo no se tocar ningun instrumento
yo no sé leer la letra de la música
de una canción,
pero siento en mis entrañas
cuando suena una trompeta,
cuando toca el acordeón,
cuando vibra el cuero de la tambora
y cuando escucho el saxofón.
Escribo letras, versos, poemas
y pensamientos que en algunas veces
he convertido en canción,
pero al escuchar la música
completa se me alegra el alma,
y goza mi corazón

Tu presencia tus palabras
son mi emoción
tus gestos tus miradas
son mi canción
tus buenos días tus buenas noches
son mi inspiración
eres el amor de mi vida
eres toda mi razón

Prestame tu piel
quiero escribir por todo tu cuerpo
canciones y poemas de amor
quiero escribir tu nombre y el mio
dentro de un corazón

Y la noche que te tenga en mis brazos
Esa noche tu me vas a ser feliz
El sentir tus labios y caricias
Esa noche quedaré junto de tí
Tus ojitos siempre traigo en mi mente
Tu calor lo siento cercas de mí
Esos labios que reclaman x mi nombre
Chikitita quiero estar sercas de tí

Tengo hambre de tus besos
Y ansias de tus caricias
Eres un manjar perfecto
Eres toda una delicia
Te traigo siempre en mi mente
Clavada en mi corazón
Eres parte de mi sangre
Eres tu mi inspiración

Buenas noches me despido de tu amor,
es tu foto la ocasión, que me inspira el
corazón para escribir los versos que
dedicó con pasión. Buenas noches,
buenas noches corazón, te dedico mi
canción, con cariño te dedico, que
duermas con los angelitos
y que sueñes con mi amor

Mis besos corren y se tropiezan en tus
labios, se levantan y vuelven a correr, no
se cansan de correr por todo tu cuerpo
sin importar cuantas veces
se vuelvan a caer

Tus placeres me curan las heridas, el dolor está ausente o será que no se siente con tus besos y caricias, yo te adoro vida mía

CANCIONES

Durante muchos años sin darme cuenta he ido escribiendo versos, pensamientos, anecdotas y demas que algun dia sin pensarlo se han convertido en canciones. Algunas de estas por vivencia propia y otras por vivencias de los demas; historias de algun amigo y aveces de algún extraño. Creo que como todo compositor lo que para otros son tonterías para mi son creaciones. Aqui les dejo solamente algunas de ellas.

Don Jose Espinoza

En el rancho Santa Cruz
municipio de Moyahua
de allí es donde yo traigo
la historia de Don José
Espinoza se llamaba

El hombre siempre fue humilde
y también trabajador
era de carácter fuerte
no se humillaba el señor
así crecieron sus hijos
todos hombres de valor

Después de unas rencillas
que Don José les ganó
se fueron para Jalisco
ahí la historia siguió
allí crecieron sus hijos
Chago siendo el mayor

José Espinoza fue siempre
un hombre a carta cabal
aunque murió en 2004
su historia no olvidaran
sus hijos y sus nietos
siempre lo recordarán

El día en que murió
todos vinieron a verlo
no se podía creer
que Don José había muerto
en los brazos de su hijo
el no podía ni creerlo

Jovita y Pedro García
como padre lo quisieron
el adiós a Don José
sus hijos y nietos le dieron
ya no lo vuelven a ver
hoy ya se encuentra en los cielos

El Corrido de Manchala

Ya tengo tinta y papel
para escribir un corrido
algunos ya me conocen
en Moyahua he nacido
desde chamaco fui pobre
pero siempre buen amigo

Mi padre tuvo riqueza
eso me cuenta la gente
pero también la perdió
en las ferias y palenques
mientras que tuvo dinero
le sobraban los parientes

Tal vez por maldición
o por cosas del destino
el dinero se acabó
despilfarrando todito

solo el recuerdo quedó
que tuvo muchos amigos

Mi abuelo solo recuerda
que por cosas del destino
el dinero es maldito
aunque te causa alegría
a veces causa amargura
y afecta a tu familia

Yo no maldigo el dinero
el billete es bendito
si lo sabes trabajar
mucha suerte trae mi amigo
y no pases mucha hambre
tal como yo de chiquillo

Ya con esta me despido
ya me voy a retirar
voy a seguir trabajando
para tener mi lugar

el día que yo me muera
con banda me han de enterrar

RECORDANDO A MI PADRE

QUIERO ESCRIBIR UN CORRIDO
PA RECORDAR A MI PADRE
UN HOMBRE MUY CONOCIDO
JUNTO CON MI SANTA MADRE
ME AN ENSEÑADO A RESPETAR
ES UNA HERENCIA MUY GRANDE

CUANDO MI PADRE MURIÓ
EL NO CUMPLIO LOS 50
LA MUERTE LE ARREBATÓ
LA VIDA, QUÉ GRAN TRAGEDIA
MI MADRE SOLA QUEDO
QUE TRISTEZA PARA ELLA

MUCHOS AMIGOS VINIERON
CUANDO ÉL ESTABA TENDIDO
ÚLTIMO ADIÓS A MI PADRE
SE LO TENÍA MERECIDO
EL TACO LO REGALABA

PA DARSELO A UN AMIGO

SIEMPRE QUE ESCUCHO CANCIONES
DE LAS QUE A TI TE GUSTABAN
ESA "CASITA DE PAJA"
Y TAMBIÉN "EL HERRADERO"
SIEMPRE ME HACEN RECORDAR
LÁGRIMAS RODANDO HASTA EL
SUELO

TUS HIJOS HOY TE RECUERDAN
Y SIEMPRE CON GRAN CARIÑO
EN DIA MUY IMPORTANTES
EN EL PANTEÓN TE VISITO
EN PAZ DESCANSE MI PADRE
QUE RECUERDO CON CARIÑO

Antes que pierda la memoria

Antes de que pierda la memoria
Quiero decir que te quiero
Te quiero escribir esta canción
Desde lo más hondo de mi corazón

Quiero que sepas que por ti vivo
Tu eres el alma de mi pasión
Eres el motor de mi vida
Eres el oxigeno que respiro yo

Aunque llegue a perder la cabeza
Nunca dudes que te amo yo
Aunque un día pierda la memoria
Tu cariño alimentará mi corazón

MULTIPLICACIÓN

INVITAME A PASAR LA NOCHE
CONTIGO
ACURRUCARME A TU LADO
ACARICIARTE POR COMPLETO
Y QUE LA LUZ DE LA LUNA …
ILUMINE TODO TU CUERPO

QUIERO ESCUCHAR LAS ESTRELLAS
COMO DECLAMAN TU NOMBRE
QUIERO TENERTE COMPLETA…
Y VOLVER A MULTIPLICAR LA PASIÓN

SI DOS VECES TE HICE EL AMOR
HOY QUIERO OTRAS DOS MÁS
PERO SI TU ME PIDES CORAZÓN
TE LAS VUELVO A MULTIPLICAR

Guerra Declarada

La guerra está declarada
Así lo dijo mi jefe
Y cuando la mecha prenden
No hay quien lo contente

Ese vato traicionero
Quiso jugar a lo chueco
7 años trabajando
Quiso ponernos el dedo

La traición no se perdona
Dijo mi jefe enojado
Mucha confianza le tuve
Y ahora me a traicionado

Era mi mano derecha
Casi como mi hermano
Si la sangre te traiciona
Lo caso como venado

Como a los presidentes
Quiso hacer golpe de estado
No le salio como queria
Ahora lo ando buscando

No creo que corra tan recio
Ya lo tengo ubicado
Ahi le mando a mi gente
los huaches para el contrario

EL LOQUITO

PORQUE DICES QUE SOY LOCO

ME DICES QUE SOY LOQUITO

NO CREAS QUE SOY TAN LOCO

MEJOR VEN DAME UN BESITO

SI TE MUERDO EN EL CUELLO

O TE BESO EN LA OREJITA

SABOREANDOME TUS LABIOS

PERO BIEN APRETADITA

SERÁ QUE TE VUELVO LOCA

MIS BESOS SON UN CONTAGIO

SI SOY LA CAUSA DE LOCURA

ENTONCES SI ESTOY TRASTORNADO

SI DICES QUE SOY LOQUITO

YA LO TIENES COMPROBADO

TAL VEZ TAN SOLO POQUITO

ACURRÚCATE A MI LADO

Delgadita y bonita

Es delgadita y bonita
La niña que conocí
Con esos ojos hermosos
La traigo dentro de mí

Cuando la tuve en mis brazos
Entre las nubes sentí
Y Esas bonitas caricias
Muchas veces repetí

Hoy que la vuelvo a veeeeeer
Quiero tenerla en mis brazooooosss
Quiero sentir sus cariciaaasss
Y besar sus lindos labiiiooooosss

Que bonito es el amoooooor
Cuando se tiene cariñooooo
Esta chiquilla preciosa
Lo tiene todo conmigo

Quiero tenerla de nuevo
Y que no acabe la noche
Sentir su cuerpo en mis labios
Y hacer del amor derroche

Hoy que la vuelvo a veeeeeer
Quiero tenerla en mis brazooooosss
Quiero sentir sus cariciaaasss
Y besar sus lindos labiiiooooosss

CORAZON MASOQUISTA

Y LE GUSTA ROGAR, Y LE GUSTA EL DOLOR

YO NO SE COMO LE HACES …. CORAZOOOOOOOOOON…

YA NO LE RUEGUES MÁS, Y DILE QUE SE LARGUE

Y QUE ME DEJE EN PAZ ESTE

POBRE CORAZÓN…

YA NO ME MALTRATES MAAAAASS

YA NO ME HAGAS SUFRIR ESTE POBRE CORAZÓN…

YA DEJA DE GOLPEARME, ES UN GRAN DOLOR

PERO ESTE TONTO ESTE TONTOOOOOOO CORAZOOOOON

Y ME DOY POR VENCIDO Y CUENTA ME DOY

ESTE CORAZÓN QUE CARGO YOOOOOOOOO (no pausa)

LE ENCANTA LLORAR, LE ENCANTA SUFRIR

Y SE HA CONVERTIDO, EN MASOQUISTAaaaaa… MI CORAZOOOOOOOON.

LAS ENDIAMANTADAS

TODITAS ENDIAMANTADAS

SE LA PASAN DISFRUTANDO

CUANDO SE VAN DE PACHANGA

A LOS ANTROS DE DURANGO

TAMBIEN ALLA POR DENVER

ESTADO DE COLORADO

PREPARAN LAS ZAPATILLAS

TODITAS ENDIAMANTADAS

DE MARCA ES LA BOLSITA

ES DE COACH O DOLCE GABBANA

ANTES MUERTAS QUE SENCILLAS

LAS MORRAS SI SON DE MARCA

LAS HEMBRAS TAMBIÉN LAS PUEDEN

GRITANDO DICE LA GÜERA

QUE ME TRAIGAN DEL BUCANAS

LE DICE A LA TRIGUEÑA

YO QUIERO DE REMY MARTIN

YO TOMO DE LO QUE QUIERA

LAS MORRAS SON DE RESPETO

Y LES GUSTA ENAMORAR

LES ENCANTA LA PARRANDA

LES GUSTA MUCHO VIAJAR

SE COMPRAN SUS CARROS NUEVOS

LES ENCANTA CELEBRAR

NO HAY NADIE QUE LAS DETENGA

CUANDO QUIEREN DISFRUTAR

LO QUE ELLAS SE PROPONEN

LO LOGRAN HASTA EL FINAL

MÁS VALE Y NO TE OPONGAS

QUE TE MANDAN A VOLAR

YA LES CONTAMOS LA HISTORIA

DE'STAS MORRAS DE RESPETO

DE LA RUBIA Y LA TRIGUEÑA

QUE LA SABEN DISFRUTAR

TODITAS ENDIAMANTADAS

SE SALEN A DISFRUTAR……

SOLAMENTE TU

A PESAR DE TODO LO QUE HEMOS
PASADO
ESTAREMOS JUNTOS, TE QUIERO MI
AMOR

LOS DÍAS MÁS BELLOS HAN SIDO
CONTIGO
LE HACES FALTA A MI CORAZÓN
TE AMO TANTO QUE SIN TÍ NO VIVO
CADA DÍA TE QUIERO Y TE AMO MÁS

CHIQUILLA HERMOSA.. TE QUIERO
LA PERSONA IDEAL ERES TU..
AUNQUE NO LO CREAN A TI TE AMO..
EN MI VIDA FALTAS SOLAMENTE TU

ES LO MEJOR QUE ME A PASADO
ERES LO MAS LINDO QUE HE TENIDO

ERES LO MAS BELLO EN MI CORAZÓN

CON ESTAS PALABRAS TE DIGO "TE
AMO"
EL AMOR DE MI VIDA ERES TÚ
ERES LA PERSONA QUE TANTO
ADORO
Y SIN TI MI VIDA NO PUEDO VIVIR
AMOR TE QUIERO AMOOOR
TE QUIERO TE QUIERO AMOOOOOO
AUNQUE NO LO CREAN A TI TE AMO
EN MI VIDA FALTAS SOLAMENTE TÚ
AUNQUE NO LO CREAN
EN MI VIDA FALTAS SOLAMENTE TÚ

HERMOSA SONRISA

QUE MIRADA Y QUE SONRISA.
TIENES LA MIRADA QUE CAUTIVA
Y UNA SONRISA LLENA DE PASIÓN
SON TUS OJOS QUE ME HIPNOTIZAN
Y TUS TIERNOS LABIOS LLENOS DE
SABOR

ERES UN ANGEL CAIDO DEL CIELO
TU HERMOSA CARITA
TU PIEL TAN TIERNITA
TUS LABIOS HERMOSOS
QUE PIDEN AMOR

CHIQUILLA PRECIOSA MI NIÑA DIVINA
ME ESTREMECE TU CUERPO
ME ENCANTA Y ME FASCINA
TU HERMOSA MIRADA TU HERMOSA
SONRISA
ME MATAN, ME MATAN DE AMOR

ERES UN ANGEL CAIDO DEL CIELO
TU HERMOSA CARITA
TU PIEL TAN TIERNITA
TUS LABIOS HERMOSOS
QUE PIDEN AMOR

CHIQUILLA PRECIOSA MI NIÑA DIVINA
ME ESTREMECE TU CUERPO
ME ENCANTA Y ME FASCINA
TU HERMOSA MIRADA TU HERMOSA
SONRISA
ME MATAN
ME MATAN DE AMOR....

QUITAME LA ROPA

QUITAME LA ROPA DÉJAME
DESNUDO
QUIERO QUE MI CUERPO TODO LO
ACARICIES
HOY EN ESTA NOCHE QUE SOY
TODO TUYO
QUIERO APROVECHES DE TODO TU
CUERPO
ESA PIEL HERMOSA TODA
SUAVECITA
QUIERO YO SENTIR CERCA DE LA
MÍA
ANTES QUE AMANEZCA QUIERO ME
COMPLAZCAS
PORQUE ESTAS NOCHES NO HAY
TODO LOS DIAS

BAJALE A LUZ TAN SOLO UN
POQUITO

QUIERO VER TU IMAGEN SOLO LA
SILUETA
QUIERO QUE TU CUERPO JUNTO
CON EL MÍO
SEAN DOS EN UNO LLENOS DE
ALEGRÍA
QUIERO QUE TUS LABIOS MI CUERPO
ACARICIEN
HASTA EL CANSANCIO LLENOS DE
FATIGA
HOY EN ESTA NOCHE NUESTRAS
ALMAS JUNTAS
QUEDAN HAY TENDIDAS Y LLENAS
DE ALEGRÍA

BAJALE A LUZ TAN SOLO UN
POQUITO
QUIERO VER TU IMAGEN SOLO LA
SILUETA
QUIERO QUE TU CUERPO JUNTO
CON EL MÍO

SEAN DOS EN UNO LLENOS DE
ALEGRÍA
QUIERO QUE TUS LABIOS MI CUERPO
ACARICIEN
HASTA EL CANSANCIO LLENOS DE
FATIGA
HOY EN ESTA NOCHE NUESTRAS
ALMAS JUNTAS
QUEDAN HAY TENDIDAS Y LLENAS
DE ALEGRÍA

ME HACES FALTA

SI NO TE TENGO AMOR CREO QUE
VOY A MORIR
BIEN PUEDO PERDER TODO EN MI
VIDA
YO TE ENTREGO TODO MI CORAZÓN

PUEDO PARTIR Y ALEJARME
MARCHARME LEJOS DE TI MI AMOR
NO CREO PODER QUE SIN TÍ YO VIVA
PORQUE TU ERES TODO TODO MI
AMOR

PORQUE ERES TAN CRUEL CORAZON
MÍO
SI TU BIEN SABES QUE POR TI YO
MUERO
TU LE HACES FALTA A MI CORAZÓN

POR FAVOR MI AMOR NO HAGAS
ESTO
QUÉDATE AQUÍ CONMIGO EN MI
CORAZÓN

NO ME ALEJES MAS QUIERO ESTAR
CONTIGO
QUIERO SER EL DUEÑO DE TU
CORAZÓN

ESQUE MI AMOR.. SIN TÍ
NO PUEDO VIVIR
PORQUE ME HACEN FALTA
TODOS TUS BESOS
ME HACEN FALTA
EN MI CORAZÓN
ME HACEN FALTA
TODOS TUS BESOS
ME HACEN FALTA
EN MI CORAZÓN

SOLAMENTE TU

A PESAR DE TODO
LO QUE HEMOS PASADO
ESTAREMOS JUNTOS,
TE QUIERO MI AMOR
LOS DÍAS MÁS BELLOS
HAN SIDO CONTIGO
LE HACES FALTA
A MI CORAZÓN

TE AMO TANTO
QUE SIN TI NO VIVO
CADA DIA TE QUIERO
Y TE AMO MAS
CHIQUILLA HERMOSA..
TE QUIERO
LA PERSONA IDEAL
ERES TU.

AUNQUE NO LO CREAN

YO A TI TE AMO..
EN MI VIDA FALTAS
SOLAMENTE TU

ERES LO MEJOR
QUE ME HA PASADO
ERES LO MAS LINDO QUE HE TENIDO
ERES LO MAS BELLO
EN MI CORAZÓN
CON ESTAS PALABRAS
TE DIGO "TE AMO"
CON GRAN ILUSIÓN
LOS DÍAS MÁS BELLOS
HAN SIDO CONTIGO
LE HACES FALTA A MI CORAZÓN

TE AMO TANTO
QUE SIN TI NO VIVO
CADA DÍA TE QUIERO
Y TE AMO MÁS

CHIQUILLA HERMOSA..
TE QUIERO
LA PERSONA IDEAL
ERES TÚ..
AUNQUE NO LO CREAN
A TI TE AMO..
EN MI VIDA FALTAS
SOLAMENTE TÚ

Esta noche

Esta y todas las noches yo quiero ser
quien cuide tus sueños,
quiero ser quien te abrace
y te murmure te quiero□

Esta y todas las noches
te llevaré de la mano
y juntos gozaremos
nuestro lecho de sábanas blancas

Yooooo quiero seeeeeerrrr,
quien te cante hasta el amaneceeeeeerrr,
yoooooooo quierooo seeeeeerrrr,
quien te despierte con un beso y volver a
dormiiiiiiirrrrrr,
hasta otro nuevo amaneceeeeerrrrrrrrr

SUDOR DE MUJER

CON EL SUDOR EN MIS MANOS,
TENGO EL SUDOR DE TU PIEL
TU CUERPO TODO ACARICIO, DE LAS
CADERAS A LOS PIES
NO TIEMBLES TANTO CHIQUILLA,
QUE AUN FALTA MAS PLACER

TU ESPALDA TODA MOJADA, CON EL
SUDOR DE TU CUERPO
AHORA CUENTA YA ME DOY, ESE
HERMOSO CONCIERTO
QUE CANTABAS CON TUS LABIOS, SE
CONSUMÍA EL PLACER

EL SABOR DE TU MEJILLA, ÉL ALGO
INOLVIDABLE
CÓMO TE ENCUENTRAS CHIQUILLA,
PARA PODER SABOREARTE

CON EL SABOR DE TU CUERPO, CON
TU SUDOR DE MUJER

PARECE QUE ESTÁS RENDIDA,
PARECES ANGELICAL
ESA HERMOSA SONRISA, ALGO
QUIERES DEMOSTRAR
QUÉ ES LO QUE QUIERES CHIQUILLA,
YO TE QUIERO…. COMPLACER

CON TU SABOR EN MIS MANOS, CON
MI SUDOR EN TU PIEL
ESTAMOS TODA LA NOCHE,
DISFRUTANDO DEL PLACER
ESTAMOS TODA LA NOCHE, CON TU
SUDOR DE MUJER

EL SABOR DE TU MEJILLA, ÉL ALGO
INOLVIDABLE
CÓMO TE ENCUENTRAS CHIQUILLA,
PARA PODER SABOREARTE

CON TU SUDOR DE MUJER, CON TU SUDOR DE MUJER

Noche loca

Toda la noche recorrí tu cuerpo,
toda la noche sentí tu amor,
todo tu cuerpo lo sentí muy sercas,
otra noche locas de esas quiero yo

Estoy en mi cama solo recordando,
como en mis brazos te tenía yo,
esa noche loca como ninguna,
y en estos versos te dedico yo

□Nos dieron las seis y de madrugada,
nuestros cuerpos lucha contra la pasión,
quieren descansar y luchar de nuevo,
quieren otra noche loca llena de pasión

PERMITEME

PERMITEME.... DAME SIQUIERA
CHANSITA
TAN SOLO UN BESITO Y NO SEAS
MALITA
CERCA DE TU BOCA QUE ESTÁ TAN
BONITA

PERMITE.... DAME LA OPORTUNIDAD
SOLO DE ACARICIARTE ESA
CINTURITA
QUIERO YO SENTIRTE TODA
SUAVECITA

PERMITEME.... YA NO SEAS TAN
MALITA
CERQUITAS DEL CIELO QUIERO YO
SENTIRME
MUY ARREPENTIDO ENTRE TUS
PIERNITAS

PERMITEME.... QUEDA CALLADITA
OLVÍDATE DE TODO DEL RUIDO Y DE
LA TELE
NO ME DIGAS NADA... QUEDA
SILENCITA

PERMITEME.... ERES TAN BONITA
DEJA QUE MIS LABIOS DESVISTAN
TODITO
ESE CUERPECITO Y SE ENTREGUE
AHORITA

PERMITEME.... DAME SIQUIERA
CHANSITA
QUE MI ALMA ENTERA ENTRE A TU
VIDA
Y DESPUÉS DE TODO SEAMOS
PAREJITA

PERMITEME…. QUEDA CALLADITA
OLVÍDATE DEL TODO DEL RUIDO Y
DE LA TELE
NO ME DIGAS NADA QUEDA
SILENCITA

PERMITE…. ERES TAN BONITA
DEJA QUE MIS LABIOS TE DESVISTAN
TODITA
ESE CUERPECITO Y SE ENTREGUE
AHORITA..

Mis loqueras

Siento ganas de no verte,
tengo ganas de perderte,
tengo miedo de tenerte,
mejor vete pero vete

No hagas caso a mis loqueras,
son las noches de nostalgia,
son las sombras que no acaban,
siempre hablan de tu nombre

☐Quiero verte y no verte,
abrazarte y olvidarte,
quiero amarte sin temor
que me quemes las entrañas

Tengo ganas tengo ganas de tus besos,
tengo ganas tengo ganas corazón,
de tus besos tus caricias en mi cuerpo,

tengo ganas tengo ganas de tu
amooooooor

QUEDATE CONMIGO

EXISTE UNA CHIQUILLA
MUY LINDA Y BONITA
LA MIRO Y LE DIGO
CADA VEZ ME EXCITA
SUS PADRES NO LA DEJAN
QUE YO LA VISITE
SERÁ PORQUE DE SU LADO
NO QUIEREN LA QUITE

SUS OJOS ME CAUTIVAN
Y ME HAN EMBRUJADO
SU CUERPO TAN HERMOSO
Y TAN CODICIADO
SUS OJOS TAN BRILLOSOS
COMO DOS DIAMANTES
Y YO CON EL TEMOR
DE NO PODER GUSTARLE

PERO SUS PADRES NO QUIEREN
QUE ELLA ESTÉ CONMIGO
VOY A CONQUISTARTE
MI LINDA PRINCESA
Y AUNQUE DIGAN
QUE NO SOY TU TIPO
QUE NO SOY TU TIPO

SUS OJOS ME CAUTIVAN
Y ME HAN EMBRUJADO
SU CUERPO TAN HERMOSO
Y TAN CODICIADO
SUS OJOS TAN BRILLOSOS
COMO DOS DIAMANTES
Y YO CON EL TEMOR
NO PODER GUSTARLE

LLEGARA ESE DIA
QUE YO TE CONQUISTE
MI VIVIRAS SIEMPRE EN MI MENTE

LLEGARA ESE DIA
TENLO POR SEGURO
Y AUNQUE DIGAN
QUE NO SOY TU TIPO
QUE NO SOY TU TIPO

Monico García

Voy a cantar un corrido
de un amigo verdadero
Monico lleva por nombre
y García de apelativo
nacido en Zacatecas
Gavia de Jerez es el ranchito

El año 62
era el año que corría
cuando nació el amigo
el señor Monico García
su padre el señor Crispín
orgulloso se sentía.

En las ferias de Jerez
siempre lo miran pasear
cuando tenía su yegua
La Fanta así le decía
junto con sus hermanos

en las coleaderas los veían

Desde muy joven salió
de Zacatecas querido
a buscar una vida mejor
y siguiendo su destino
fue que a Chicago llegó
extrañando a su familia

Ya con esta me despido
no sin antes recordar
que la vida de un hombre
siempre se puede contar
pero si es en Jerez Zacatecas
con banda a de sonar

Las Sorpresitas

Quiero esta noche y no te vayas
tengo muchas cosas solo para tí
quiero complacer todos tu sueños
tengo sorpresas solo para tí

Cantan en el cielo todas las estrellas
y están brillando solo para tí
alumbrando todo tu cuerpo
quieren los regalos que traigo aquí

Quiero regalarte todas mis caricias
y sentir tu cuerpo en éxtasis
que sientas la luna y las estrellas
es un regalito solo para tí

SOBRE EL AUTOR

José Alfredo Morán nacido en un pueblito en el sur de Zacatecas México, un mil usos como muchos otros más; de compositor, poeta y loco todos tenemos un poco.

Vendedor ambulante cuando chamaco vendiendo desde fruta de temporal en la terminal de camiones, aguas frescas a ayudante de su abuelo en cualquiera oficio, además de ayudante de carnicero y taquero. En su currículum cuenta con trabajos como trabajador del azadón en los campos agrícolas de California, trabajador piscando fruta, vendedor de autos, trabajador en fábrica de productos lácteos, además de trabajador en el Valle del Silicón en California sin olvidar el trabajo de manager y promotor de grupos musicales, empresario y promotor de conciertos y jaripeos. Simplemente un mil usos, siempre buscando la oportunidad para una mejor oportunidad en la vida.

El escribir, leer e investigar sobre historia son solo algunos de los pasatiempos favoritos. Graduado con licenciatura en Administración de Empresas y Mercadeo de la Universidad Estatal de California Stanislaus en Turlock California.

No exite mucho de interés que contar sobre el autor. Ojala y que dentro de estas cuantas páginas puedan encontrar algo de lo poco sobre José Alfredo Morán.

www.ingramcontent.com/pod-product-compliance
Lightning Source LLC
Chambersburg PA
CBHW071828020426
42331CB00007B/1657